COMPTE RENDU

DU BANQUET

offert le 12 janvier 1889

à M. JOUSSET

A L'OCCASION DE SA NOMINATION COMME CHEVALIER

DE LA LÉGION D'HONNEUR

PARIS

IMPRIMERIE JOUSSET ET AUBÉ

rue de Furstenberg, 8

1889

COMPTE RENDU

DU BANQUET

offert le 12 janvier 1889

à M. JOUSSET

A L'OCCASION DE SA NOMINATION COMME CHEVALIER
DE LA LÉGION D'HONNEUR

A l'occasion de sa décoration comme chevalier de la Légion d'honneur, les confrères de M. Jousset ont bien voulu le convier à un banquet pour lui exprimer leur satisfaction de le voir orné d'un ruban rouge qu'eux-mêmes avaient demandé à M. le Ministre du commerce, soit par voie de pétition, soit par des démarches personnelles réitérées.

Ce banquet a eu lieu le 9 janvier 1889 chez le restaurateur Marguery, réunissant bon nombre de confrères. Les présents étaient nombreux, les absents s'étaient fait excuser dans les termes les plus aimables.

Les convives acceptants étaient :

MM.	MM.
Aubé.	Bourdel.
Balitout.	Capitaine.
Bauche.	Cerf.
Belin (Henri).	Chamerot.
Boulay.	Danel.

MM.

Delalain (Paul).
Delalain (Henri).
De Soye père.
De Soye fils.
De Soye (petit-fils).
Dubreuil.
Dumaine.
Duruy.
Ethiou-Pérou.
Gauthier-Villars père.
Gauthier-Villars (H.).
Gauthier-Villars (Alb.).
Hennuyer.
Jouaust.
Kugelmann.
Lahure.
Levé fils.
Lorilleux (Ch.).

MM.

Lorilleux (René).
Mainguet.
Maulde.
May.
Meyrueis.
Morris.
Mouillot.
Noblet (Ch.).
Noblet (G.).
Nourrit.
Oudin.
Plon.
Pradier.
Quantin.
Schiller père.
Schiller fils.
Thivet.

Les confrères qui s'étaient excusés, étaient :

MM.

Belin (Paul).
Belin (Tony).
Berger-Levrault.
Brière.
Chaix.
Charaire.
Chasseignac.
Dupont (Paul).
Firmin-Didot (Alfred).
Gallet.
Gounouilhou.
Goupy.
Hénon.
Jacob.
Jourdan.
Juliot.

MM.

Laporte.
Lelièvre.
Levé (F.).
Mame.
Mazereau.
Monnoyer.
Montorier.
Norberg.
Oberthur.
Pichon.
Pillet.
Radenez.
Roger.
Rouillé.
Schlæber.

M. Jousset a été tellement touché des témoignages de sympathie qu'il a reçus en cette occasion, qu'il a tenu, pour lui et pour les siens, à conserver le souvenir de cette fête de famille et à en retracer les circonstances.

Et d'abord, il en remercie les organisateurs, MM. Noblet fils et Dubreuil; l'un d'eux s'était chargé d'en rédiger le menu, imprimé en couleur sur japon, qui empruntait la forme du journal *l'Imprimerie* réduite très élégamment; ce menu contenait, à la première page, le fac-similé du journal relatant dans sa partie officielle le décret de nomination de M. Jousset, dans sa partie non officielle l'avis que M. Doniol avait été admis à l'école Gutenberg en qualité d'apprenti, — et de plus une pièce de vers, dont l'aimable auteur a tenu à garder l'anonyme, ainsi conçue:

Des imprimeurs longue est la kyrielle
   Qui des mains gaîment a battu
   Devant la prose officielle
   Reproduite sur ce Menu.
   Cette fois, au moins, elle a pu
   Approuver *proprio motu*
   La faveur ministérielle.

   Faveur! N'était-ce pas un droit
   Acquis par dix ans de service!
Au risque de passer pour un esprit étroit,
   On peut prétendre que la croix
N'a pas toujours choisi poitrine aussi propice.

> Du menu que sert Marguery
> Il sera permis de médire :
> Mais personne ne pourra dire,
> En un temps où le sac peut tenir lieu d'esprit,
> Que si notre champion a remporté le prix,
> Il le doit à sa tirelire.

> Non, nous l'avons vu batailler,
> Car il est de la vieille roche,
> Contre le tiers, le quart, et le Grand Atelier :
> Devant ses coups, Doniol craignant quelque anicroche,
> Dut se couvrir d'un bouclier.
> Aussi dit-on de proche en proche :
> Monsieur Jousset, oh! c'est un chevalier
> Sans peur et sans reproche!

Chacun des numéros de ce journal était renfermé sous une bande imprimée portant le nom de chaque convive..

Les deuxième et troisième pages de ce pseudo-journal microscopique contenaient le menu qui, exécuté par Marguery, ne laissait rien à désirer.

La quatrième page, enfin, contenait la liste des confrères présents au banquet, que nous reproduisons plus haut, et de ceux qui s'en étaient excusés par lettre.

A ce menu était joint le programme de la soirée musicale qui a suivi le dîner.

Au dessert, les toasts suivants ont été portés, le premier par M. Chamerot, président de la Chambre des Imprimeurs;

Le deuxième par M. Delalain, président du Cercle de la Librairie;

Le troisième par M. Noblet père, président honoraire de la Chambre des Imprimeurs ;

Le quatrième par M. Dubreuil, qui, ainsi que l'annonçait son toast, a remis à M. Jousset, réunies sous une élégante reliure, les lettres d'adhésion au banquet ou d'excuses de n'y pouvoir assister, toutes conçues dans les formes les plus aimables.

M. Jousset, très ému, a prononcé quelques paroles pour remercier ses confrères de l'honneur qui lui était fait. Mais ce que ses paroles n'ont pu exprimer, c'est la vive émotion et le sentiment de gratitude qu'il a ressentis.

Toast de M. Chamerot, Président de la Chambre des Imprimeurs :

Porter le premier toast à celui que nous fêtons aujourd'hui est un bien doux privilège de la Présidence à laquelle vous m'avez récemment élevé. J'en sens le prix et je n'ai qu'à laisser un libre cours à mes sentiments pour attester tout d'abord l'estime et l'affection dont j'entoure mon prédécesseur. La récompense qui vient de lui être décernée lui était due depuis longtemps. Pendant que nous témoignions notre impatience de voir rendre une justice si tardive aux mérites de notre cher confrère, lui, attendait avec le calme et la modestie qui caractérisent les hommes de bien, cette décoration qu'il était si digne de porter à tous les titres et de l'aveu de tous.

On chercherait en vain une voix discordante dans le concert de félicitations dont je suis le bien faible écho.

Tous, nous nous inclinons devant les capacités et le caractère du nouveau légionnaire ; tous, nous le tenons pour un modèle de droiture et d'intégrité.

Aussi puis-je proclamer bien haut, sans crainte d'être démenti, que la corporation tout entière contresigne avec joie le décret du Président de la République.

Mon cher ami, mon aîné dans la carrière, permettez-moi de vous dire en terminant que s'il est aisé de faire votre éloge, il est bien difficile de vous succéder.

Je lève mon verre à votre santé et vous souhaite de longues années de vie et de prospérité.

Toast de **M.** Delalain, Président du Cercle de la Librairie :

Mon cher Collègue,

Les confrères viennent de vous adresser de justes félicitations ; je suis heureux d'y joindre celles de vos collègues du Cercle de la Librairie.

En vous appelant à la vice-présidence de son Conseil d'administration, l'Association qui groupe les diverses industries ressortissant à la fabrication du livre a prouvé qu'elle avait suivi, qu'elle avait apprécié vos courageux et persévérants efforts pour maintenir la situation honorablement conquise par la typographie parisienne, pour défendre les intérêts de l'industrie privée contre des empiétements dangereux, pour assurer, par la création d'une école technique, le respect des traditions professionnelles en même temps que la marche vers les progrès désirables, pour témoigner enfin au personnel des ateliers d'imprimerie une prévoyante sollicitude.

C'est au nom du Cercle de la Librairie, aussi bien qu'en mon nom personnel, que j'applaudis de tout cœur à la distinction qui vous a été conférée ; et, sûr de répondre à votre sentiment, je souhaite longue prospérité aux utiles institutions créées par votre généreuse initiative et votre louable fermeté : l'*École Gutenberg*, à laquelle votre nom restera associé dans les annales de la typographie, la *Société de secours mutuels de l'imprimerie typographique* et la *Caisse de retraites*, pour la fondation desquelles l'exemple du dévouement maternel était bien digne de vous inspirer et de vous soutenir.

Toast de M. Noblet. Président honoraire de la Chambre des Imprimeurs :

Nunc est bibendum. C'est Horace, banquetant avec ses amis, qui nous invite à porter à ce moment la santé de notre hôte.

Hourra pour lui!

S'il jette les yeux autour de cette table, s'il compte les confrères qui y sont assis, il jugera de la sympathie qui l'environne. De mémoire d'imprimeur, jamais autant de typos ne s'étaient trouvés réunis dans une pensée commune. Tous ou presque tous, présents ou excusés, sont heureux de lui exprimer la part qu'ils prennent à l'acte de justice d'un ministre éclairé et de lui montrer que leur cœur a vibré sous le coup qui l'atteint en pleine poitrine.

Sans doute elle s'est fait attendre, cette distinction désirée si ardemment par nous. Mais les choses humaines n'ont de prix qu'en raison des obstacles, et, à vaincre sans péril, notre Président eût triomphé sans gloire.

Buvons à son succès, Messieurs, et puissent nos félicitations, franchissant cette enceinte, s'entendre jusques en son foyer!

Les ancêtres avaient coutume de dire que la vérité gît au fond des verres : qu'au heurt de nos coupes se répandent donc pour lui nos plus sincères, nos meilleurs souhaits!

Toast de M. Dubreuil, Secrétaire de la Chambre des Imprimeurs :

Messieurs et chers Confrères,

A nos derniers banquets, notre aimable Président honoraire se plaignait, à cette heure psychologique où les toasts pétillent avec le champagne, de ne voir « personne se lever du sein de la phalange des jeunes » et il s'en vengeait en risquant ces pallas — c'est lui, du moins, qui le disait — pleins d'esprit et d'humour dont il a le secret.

Ne voulant pas encourir aujourd'hui encore le même reproche, les jeunes se lèvent enfin et, ma foi, tant pis, se risquent à leur tour.

Hélas! mes chers Confrères, je m'aperçois, un peu tard, direz-vous, qu'il ne suffit pas de se lever pour imiter nos orateurs attitrés, et, en songeant maintenant à ce brio auquel ils nous ont habitués, je vous l'avoue, le trac me prend et je voudrais bien me rasseoir.

Laissez-moi donc dire bien vite, tout simplement, à notre cher ancien Président combien les organisateurs de ce banquet sont heureux du nombre d'adhésions qu'ils ont reçues pour fêter ici, ce soir, *inter pocula*, le nouveau légionnaire.

L'empressement avec lequel vous avez répondu à leur appel, et dont ils vous remercient, dit mieux que nous ne saurions le faire, combien notre Association tout entière applaudit à une distinction depuis si longtemps méritée.

Si nous laissons à des voix plus autorisées le soin de vous présenter et de vous traduire, mon cher ancien Président, les félicitations de vos confrères, nous devons toutefois vous transmettre les excuses et les regrets des absents.

Mais ne voulant pas, par une sèche énumération, enlever aux sentiments que nous sommes chargés de vous exprimer leur caractère personnel, nous avons réuni en ce volume les lettres mêmes que nous avons reçues, et nous vous offrons ce souvenir de la fête d'aujourd'hui comme témoignage durable de la reconnaissance et des sympathies de vos confrères.

A ces toasts, ponctués par des applaudissements, M. Jousset, qui avait quelque peine à contenir son émotion, a répondu de la manière suivante:

Mes chers Confrères,

Je n'avais pas besoin que les toasts qui viennent de m'être portés me fussent communiqués pour être certain qu'ils seraient ce qu'ils sont, c'est-à-dire empreints de la bienveillance à laquelle vous m'avez habitué.

Permettez-moi de reporter sur la corporation l'honneur d'une distinction à laquelle j'ai été d'autant plus sensible que c'est à vous que je la devais; ce que j'ai fait, vous le savez, je l'ai fait avec votre concours, avec votre bienveillance, me sentant escorté et secondé.

Vous avez tenu, mes chers Confrères, à marquer par une agape fraternelle dont moi et les miens garderons toujours le souvenir, une décoration que je considère comme donnée au drapeau et honorant tout le régiment.

Laissez-moi vous en remercier du fond du cœur et vous dire que cette manifestation d'une cordialité de sentiments réciproques, m'émeut et me touche à un tel point que je ne saurais l'exprimer; je vous demande donc de vouloir bien ne pas mettre ma sensibilité à une épreuve que mon émotion ne saurait supporter, et de me dispenser d'un discours qui, pour être plus long, ne saurait être plus cordial.

Je bois à la corporation, à ses succès lors de la prochaine Exposition, à ceux de mes confrères dont les pétitions ou les démarches qu'inspirait leur amitié ont hâté l'heure de la distinction dont j'ai été l'objet.

Je bois à notre Président honoraire, M. Noblet, dont les conseils, qui sont ceux d'une grande expérience, seront utiles longtemps, je l'espère, à la corporation.

Je bois aussi à notre Président en exercice, M. Chamerot, honoré de vos suffrages à tant de titres, qui saura conduire à la victoire nos bataillons et nos jeunes phalanges.

Je bois à la santé de nos vaillants confrères, MM. Duruy et Albert Gauthier-Villars, qui ont bien voulu prendre la charge d'une de nos fondations, sinon la plus riche, au moins la plus utile, certains qu'ils sont d'ailleurs d'avoir notre assistance à tous.

Je vous demande de porter la santé du Président du Cercle de la Librairie, qui, oubliant les grandeurs qui auraient pu l'attacher au rivage, a bien voulu se souvenir qu'il était imprimeur.

Je porte la santé de MM. Noblet fils et Dubreuil, organisateurs de ce banquet, dont le souvenir, je vous l'ai dit, me sera toujours cher et restera comme un honneur attaché à ma vie, car, disons-le entre nous, il ne faut attacher de prix qu'aux témoignages de sympathie et d'affection qui nous viennent de nos pairs, ce sont les seuls vrais.

Je bois enfin aux membres absents qui ont bien voulu nous faire parvenir l'expression de leurs regrets.

Il n'y aurait pas pour moi de bon toast si je ne buvais, comme je l'ai fait bien souvent, à l'extinction d'une concurrence fratricide entre imprimeurs.

C'est mon dernier vœu, celui par lequel je termine.

En quittant la table du banquet, M. Jousset a été l'objet des compliments les plus flatteurs et aussi les plus attendris, et des manifestations les plus affectueuses, il ne saurait trop en remercier ses confrères, qui ne lui en voudront pas d'en avoir ressenti une telle fierté qu'il a absolument tenu à en conserver le souvenir.

Une séance musicale très réussie a terminé cette soirée, inoubliable pour M. Jousset.